AF119195

BEI GRIN MACHT SICH IHR WISSEN BEZAHLT

- Wir veröffentlichen Ihre Hausarbeit,
  Bachelor- und Masterarbeit

- Ihr eigenes eBook und Buch -
  weltweit in allen wichtigen Shops

- Verdienen Sie an jedem Verkauf

Jetzt bei www.GRIN.com hochladen
und kostenlos publizieren

Carolin Brechtler

Ludwig II von Ostfranken im Konflikt mit seinen Söhnen

Welchen Einfluss hatte die körperliche und geistige Gesundheit auf die Beziehung innerhalb der Königsfamilie?

GRIN Verlag

Bibliografische Information der Deutschen Nationalbibliothek:

Die Deutsche Bibliothek verzeichnet diese Publikation in der Deutschen National-
bibliografie; detaillierte bibliografische Daten sind im Internet über http://dnb.d-
nb.de/ abrufbar.

Dieses Werk sowie alle darin enthaltenen einzelnen Beiträge und Abbildungen
sind urheberrechtlich geschützt. Jede Verwertung, die nicht ausdrücklich vom
Urheberrechtsschutz zugelassen ist, bedarf der vorherigen Zustimmung des Verla-
ges. Das gilt insbesondere für Vervielfältigungen, Bearbeitungen, Übersetzungen,
Mikroverfilmungen, Auswertungen durch Datenbanken und für die Einspeicherung
und Verarbeitung in elektronische Systeme. Alle Rechte, auch die des auszugsweisen
Nachdrucks, der fotomechanischen Wiedergabe (einschließlich Mikrokopie) sowie
der Auswertung durch Datenbanken oder ähnliche Einrichtungen, vorbehalten.

Impressum:

Copyright © 2014 GRIN Verlag GmbH
Druck und Bindung: Books on Demand GmbH, Norderstedt Germany
ISBN: 978-3-656-65014-0

Dieses Buch bei GRIN:

http://www.grin.com/de/e-book/273306/ludwig-ii-von-ostfranken-im-konflikt-mit-
seinen-soehnen

GRIN - Your knowledge has value

Der GRIN Verlag publiziert seit 1998 wissenschaftliche Arbeiten von Studenten, Hochschullehrern und anderen Akademikern als eBook und gedrucktes Buch. Die Verlagswebsite www.grin.com ist die ideale Plattform zur Veröffentlichung von Hausarbeiten, Abschlussarbeiten, wissenschaftlichen Aufsätzen, Dissertationen und Fachbüchern.

Besuchen Sie uns im Internet:

http://www.grin.com/

http://www.facebook.com/grincom

http://www.twitter.com/grin_com

Konflikte zwischen Ludwig II von Ostfranken und seinen Söhnen in Abhängigkeit von geistiger und körperlicher Gesundheit

Inhaltsverzeichnis

1. Einleitung

Der Karolingerkönig Ludwig II war ein Sohn Ludwigs des Frommen und damit ein Enkel Karls des Großen. Zu seinen Lebzeiten (um 806 bis 876)[1] befand sich das Reich der Karolinger im Umbruch. Durch den Tod Karls des Großen musste sein großes Reich unter seinen Nachkommen aufgeteilt werden und kam so schnell nicht wieder zu Ruhe. Ludwig II wurde 826 zunächst Unterkönig in Baiern und 843[2] schließlich König des ganzen Ostfrankenreichs, also des fränkischen Gebiets östlich des Rheins[3]. Aus diesem Grund wurde ihm zur Unterscheidung von seinem Vater der Beiname „der Deutsche" gegeben. Der Beiname ist bis heute umstritten, weswegen in dieser Arbeit der Namen „Ludwig II" verwendet wird. Trotzdem ist die Gründung des Ostfrankenreichs 843 mit dem Vertrag von Verdun von Bedeutung für diese Ausarbeitung, insbesondere für den Streit unter den Karolingern. Diese Arbeit soll sich auf persönlicher Ebene mit engen Verwandten Ludwigs II auseinandersetzen, denn wenn Könige sich streiten und wieder versöhnen, hat das direkte politische Folgen[4]. Genau das ist zu Lebzeiten Ludwigs II häufiger passiert und ging nicht selten von ihm selbst aus, weswegen er im Mittelpunkt dieser Betrachtungen steht.

Die ausufernden Streitigkeiten wurden zwischen unterschiedlichen Par-

---

[1] Hartmann, Wilfried: Ludwig der Deutsche – Portrait eines wenig bekannten Königs; In: Hartmann, Wilfried (Hrsg.): Ludwig der Deutsche und seine Zeit, Darmstadt 2004; S. 1-26. S. 1

[2] Die Reichsannalen mit Zitaten aus den sog. Einhardsannalen, in: Rau, Reinhold (Bearb.); Abel, O. (ÜberS.): Quellen zur karolingischen Reichsgeschichte Teil 1 (Ausgewählte Quellen zur deutschen Geschichte des Mittelalters 5), unveränderter fotomechanischer Nachdruck der Ausgabe 1955, Darmstadt 1974, S. 1-156, S. 113

[3] Hartmann, Wilfried: Ludwig der Deutsche (Herde, Peter (Hrsg.): Gestalten des Mittelalters und der Renaissance) Darmstadt 2002. S. 1

[4] Hartmann 2004, S. 8: „Das Verhältnis zwischen Vätern und Söhnen war in der karolingischen Familie immer ein Problem. Es gibt seit Karl dem Großen eigentlich keine Generation, in der es nicht zu Aufstandsversuchen oder Aufständen der mit ihrer Rolle unzufriedenen Söhne gekommen wäre, und auch der Familie Ludwigs des Deutschen blieben derartige Schwierigkeiten nicht erspart."

teien geführt. Mal revoltierten Ludwig II und seine Brüder, Lothar, Pippin und Karl, in verschiedensten Bündnissen gegen ihren Vater Ludwig den Frommen. Die Brüder kämpften aber auch untereinander um Macht und Gebiete.

Für dieses Format erscheinen die Konflikte zwischen Ludwig II und seinen Söhnen aus quantitativen Gründen am passendsten. Außerdem findet sich in den Jahrbüchern von St. Bertin zum Jahr 854 folgende Aussage, die dazu anregte, wenigstens in einigen Fällen einen Zusammenhang zwischen Gesundheit, also geistiger und körperlicher Verfassung, und Politik zu ziehen: „Lothar erkrankte, was den Brüdern Ludwig und Karl Anlaß gab, sich wieder miteinander zu versöhnen:"[5] Aus diesen beiden Gründen soll sich der Inhalt dieser Ausarbeitung auf folgende Fragestellung beschränken:

Waren Konflikt und Versöhnung zwischen Ludwig II und seinen drei Söhnen abhängig von Erkrankung und Genesung der Beteiligten? Welchen Einfluss hatte sowohl die körperliche als auch geistige (dazu zählen auch Charaktereigenschaften, soweit belegbar) Gesundheit auf die Beziehung innerhalb der Königsfamilie?

Die Hypothesen sollen anhand einer Quellenarbeit an Quellen der Freiherr-von-Stein-Gedächtnisausgabe überprüft werden, die da wären:

Jonas, Bischof von Orléans, [Unterweisung für den König.] Mahnwerk

Thegan – Das Leben Kaiser Ludwigs

Das Leben des Kaiser Ludwigs vom sog. Astronomus

Jahrbücher von St. Bertin

---

[5] Jahrbücher von St. Bertin, in: Rau, Reinhold (Bearb.); Jasmund, J.v. (ÜberS.): Quellen zur karolingischen Reichsgeschichte Teil 2 (Ausgewählte Quellen zur deutschen Geschichte des Mittelalters 6), Unveränderter reprographischer Nachdruck der Ausgabe Darmstadt 1969, Darmstadt 1972, S. 11-288, S. 89

Xantener Jahrbücher

Jahrbücher von Fulda

Regino Chronik

Notker Taten Karls

Doch zunächst soll durch Zuhilfenahme aktueller Literatur von Wilfried Hartmann ein Bild des Königs skizziert werden, das der Quellenarbeit zugrunde liegen wird. Anschließend wird es eine kurze Einführung in die Vater-Sohn-Konflikte zu Zeiten Ludwigs II geben, um dann schließlich anhand der angegebenen Quellen die Hypothese zu prüfen.

2. Der Charakter Ludwigs II

Die Beschreibungen mittelalterlicher Könige sind durch ihre plakative Art meist nicht zur Rekonstruktion realer Personen, etwa ihres Aussehens, geeignet. Fast jeder Herrscher wird irgendwann als schön oder stark etc. beschrieben, ohne dabei eine reale Person zu beschreiben. Doch es gibt in den zeitgenössischen Quellen auch ungewöhnliche Geschichten, die nicht nur einen gewissen Unterhaltungswert besitzen, sondern auch Rückschlüsse auf den Charakter Ludwigs II zulassen, vorausgesetzt sie entsprechen der Wahrheit.

Da wäre zum Beispiel die Geschichte vom selbstbewussten sechsjährigen Ludwig in Notkers Taten Karls: „Als er nämlich die ersten sechs Jahre im Haus seines Vaters sehr sorgfältig aufgezogen war und man ihn nicht mit Unrecht für weiser ansah als sechzigjährige Männer, da nahm sein gütiger Vater, der es kaum erwarten konnte, ihn seinem Großvater vorzuführen, ihn von der Mutter [Anm.: Ludwigs des Frommen erste Frau Irmgard oder Irmingard[6]], die ihn sehr verwöhnt hatte, weg und begann ihn zu unterweisen, wie ernsthaft und wie ehrfurchtsvoll er sich vor dem Kaiser benehmen und auf eine Frage antworten und überhaupt ihm zu Diensten sein müsse. Und dann nahm er ihn mit in den Palast. Als ihn nun am ersten oder zweiten Tage der Kaiser inmitten der übrigen Pagen mit forschenden Augen betrachtete, sagte er zu seinem Sohn: Wem gehört dieser Knabe? Und als dieser ihm erwiderte: Mir, und wenn Ihr wollt, Euch, da bat er ihn sich aus mit den Worten: Laß ihn mir! Dies geschah, der erhabene Kaiser küßte den Knaben und schickte ihn dann zurück auf seinen alten Platz. Der aber wußte nun um seine Würde und verschmähte es hinter jemand nächst dem Kaiser zurückzutreten: er nahm seinen Mut zusammen, gab sich eine vorzügliche Haltung und stellte sich in gleiche Reihe mit seinem Vater. Als der umsichtige Karl das bemerkte, nahm er seinen Sohn Ludwig bei Seite und hieß ihn seinen Namensgenossen fragen, warum er das tue und mit welcher Zuversicht er sich seinem Vater gleichzustellen wage. Dieser aber gab ihm die verständige Antwort: Solange ich Euer Vasall war, war mein Platz, wie sich gebührte, hinter Euch inmitten meiner Gefährten; jetzt aber als Euer Genosse und Gefährte bin ich nicht im Unrecht, wenn ich mich Euch gleichstelle. Als das Ludwig dem Kaiser berichtete, tat dieser etwa folgende Äußerung: Wenn dieser Knabe am Leben bleibt, wird er etwas Großes sein."[7] Ist die Anekdote wahr, so spricht

---

[6] Thegan – Das Leben Kaiser Ludwigs, in: Rau, Reinhold (Bearb.); Abel, O. (ÜberS.): Quellen zur karolingischen Reichsgeschichte Teil 1 (Ausgewählte Quellen zur deutschen Geschichte des Mittelalters 5), unveränderter fotomechanischer Nachdruck der Ausgabe 1955, Darmstadt 1974, S. 213-254, S. 219: „Als aber der genannte Ludwig [der Fromme] das männliche Alter erreicht hatte, verlobte er sich mit der Tochter des sehr edlen Herzogs Ingoram [...] Diese Jungfrau aber hieß Irmingard, die er nach dem Tat und mit der Beistimmung seines Vaters zur Königin machte. Und noch zu Lebzeiten des Vater bekam er von ihr drei Söhne, von denen der eine Lothar, der zweite Pippin, der dritte wie er selbst Ludwig genannt wurde."
[7] Notker Taten Karls, in: Rau, Reinhold (Bearb.); Rehdantz, C. (ÜberS.): Quellen zur karolingischen Reichsgeschichte Teil 3 (Ausgewählte Quellen zur deutschen Geschichte des Mittelalters 7), zweite durchgesehene Auflage, Darmstadt 1969, S. 321-427, S. 395.

das für einen sehr selbstbewussten Ludwig II, der aber als unbedarftes bzw. unschuldiges Kind dargestellt wird. Hartmann hält diese Geschichte für möglich und erklärt das Verhalten des Jungen damit, dass er den Kuss des Großvaters nicht Ausdruck seiner Zuneigung verstand, sondern „als Aufnahme in den Kreis der kaiserlichen Vasallen [...]"[8].

Dem erwachsenen Ludwig werden weitere königliche Eigenschaften nachgesagt, wieder belegt durch Notker. Der wird nicht müde Ludwigs II scharfen Verstand und besonders dessen Frömmigkeit zu loben: „[...] einzigartig an Weisheit, die er unablässig, gestützt auf seinen scharfen Verstand, in steter Beschäftigung mit den Schriften zu vermehren suchte. Darum verfügte er auch über eine unvergleichliche Gewandtheit, allen Anschlägen seiner Feinde zuvorzukommen oder sie zu zerstören, die Streitigkeiten seiner Untertanen zu schlichten und seinen Getreuen jeglichen Vorteil zu verschaffen. Gegen alle Heiden ringsum zeigte er sich immer wieder noch furchtbarer als alle seine Vorfahren. Und das mit Recht: denn niemals befleckte er gegenüber Christen seine Zunge durch ein Urteil und seine Hände durch Blutvergießen, abgesehen von einem Fall äußerster Notwendigkeit. Von dem wage ich aber nicht [...] zuberichten [...]. Seit dieser Bluttat[9] ließ er sich niemals irgendwie dazu verleiten jemand zum Tode zu verurteilen [...] Zum Beten und zum Fasten sowie zum Dienste Gottes war er vor allen Menschen so eifrig bereit, daß er nach dem Beispiel des heiligen Martin bei allem, was er auch tat, immer den Herrn im Gebet

---

8 Hartmann 2004 S. 6
9 Laut Hartmann 2004 S. 12f. handelt es sich bei der Bluttat um ein Strafgericht unter aufständischen Sachsen 842, von dem die Annalen von St. Bertin berichten: Jahrbücher von St. Bertin, S. 59: „Ludwig, der ganz Sachsen durchzog, unterwarf alle, die ihm bisher widerstanden hatten, durch Gewalt und Schrecken: nachdem alle gefangen genommen waren, die Anstifter der großen Freveltat gewesen waren, die den christlichen Glauben verlassen und ihm und seinen Getreuen so heftigen Widerstand geleistet hatten, ließ er hundertundvierzig köpfen, vierzehn am Galgen aufhängen, eine ungeheure Menge verstümmeln und keinen am Leben, der sich noch irgendwie gegen ihn auflehnte."

vor sich zu haben schien."[10] Auch wenn diese Beschreibung sehr einem Nachruf gleicht und sicher übertrieben ist, so deutet sich doch ein gewisser brauchbarer Führungsstil an. Anscheinend hatte Ludwig II ein Talent im Umgang mit Menschen, verstand aber keinen Spaß mit seinen Feinden. In den Xantener Jahrbüchern wird sein Regierungsstil sogar mit denen seiner Brüder verglichen, wobei Ludwig II besonders gut wegkommt: „Ludwig, der Sohn des Kaiser Ludwig [herrscht] weiser und gerechter als die übrigen [Könige]"[11] Frommer Christ zu sein ist unter mittelalterlichen Königen kein Alleinstellungsmerkmal, wird jedoch in Verbindung mit Ludwig II häufig erwähnt, unter Umständen trug er zu seiner Zeit sogar den Beinamen „der Fromme[12]" bzw. lateinisch „pius" „Zu den zeitgenössischen Belegen für den Beinamen pius für Ludwig den Deutschen zählt auch eine Münzprägung, die ihn HLUDOVVICUS PIUS REX nennt."[13] Trotz aller Frömmigkeit hatte Ludwig wohl auch ein ausgeprägtes Faible für Waffen und zur Selbstdarstellung, wenn man den Berichten Notkers glauben darf: „Als die Normannenkönige jeder nach seiner Ergebenheit ihm Gold und Silber zum Zeichen ewiger Unterwerfung und Übergabe ihre Schwerter schickten, ließ der König das Geld auf den Boden werfen, daß niemand es anders als mit Verachtung ansehe, sondern vielmehr alle es wie Kot mit Füßen treten. Die Schwerter aber ließ er auf hohem Throne sitzend sich übergeben, um sie zu probieren. Nun streckten die Gesandten in der Besorgnis, es könnte gegen sie ein unglücklicher Verdacht entstehen, ihre Schwerter so wie Diener ihren Herren die Messer am äußersten Ende fassend zu übergeben pflegen, dem Kaiser hin auf ihre eigene Ge-

---

[10] Notker S. 397ff.
[11] Xantener Jahrbücher, in: Rau, Reinhold (Bearb.); Jasmund, J.v. (ÜberS.): Quellen zur karolingischen Reichsgeschichte Teil 2 (Ausgewählte Quellen zur deutschen Geschichte des Mittelalters 6), Unveränderter reprographischer Nachdruck der Ausgabe Darmstadt 1969, Darmstadt 1972, S.339-372, S. 363
[12] Was eine Unterscheidung zu seinem Vater Ludwig dem Frommen sehr erschweren würde.
[13] Hartmann 2002 S. 23

fahr. Als er nun eines davon am Griff hielt und die Klinge von der Spitze zum Griff hin zu biegen versuchte, zerbrach es in seinen Händen, die stärker waren als das Eisen."[14]

In mehreren Quellen wird außerdem Ludwigs Zähigkeit nach einem Unfall bewundert, der in der Regino Chronik besonders eindrücklich beschrieben wird: „Wie er dort, [Anm.: königliches Gut Flamersheim] von einer großen Zahl von Begleitern, den Söller des Hauses bestieg, brachen plötzlich die Balken, die in Folge des hohen Alters durch Fäulnis morsch geworden waren, der Söller stürzte zusammen und unter seinen Trümmern wurde der König stark gequetscht, so daß zwei seiner Rippen aus ihrem Verbande sich loslösten. Und als alle herbeieilten und meinten, er sei tot, erhob er sich selbst von der Stelle, wohin er gefallen war, zeigte sich den Seinigen, indem er versicherte, er habe nichts Schlimmeres erlitten, und auf unglaubliche Weise seine Schmerzen verbergend, reist er am folgenden Tage seinem Bruder entgegen nach Meersen. So groß war die Standhaftigkeit dieses Fürsten, so groß seine Selbstbeherrschung, daß, obwohl das Krachen der zerbrochenen und an einander reibenden Rippen von einigen gehört wurde, dennoch niemand ihn deswegen einen Seufzer oder Klagelaut ausstoßen hörte."[15] Sicherlich wird hier übertrieben, trotzdem zeigt diese Überlieferung, dass Ludwig II wohl ein selbstbeherrschter Mann war, der wusste, dass ein König besser keine Schwäche zeigt, wenn er zu Verhandlungen mit einem Konkurrenten unterwegs ist.

Es ist unwahrscheinlich anzunehmen, dass Ludwig II nur positive Eingenschaften hatte, wie die oben beschriebenen. Letztendlich lässt sich wie erwartet kein gesichertes Bild von Ludwig II aus den Quellen lesen. Trotzdem sollen hier die hervorgehobenen Eigenschaften des Königs noch einmal zusammengefasst werden. Er war wohl schon als Kind selbstbewusst

---

[14] Notker S. 421
[15] Ebd. S. 231

und mutig. Als Erwachsener wird er häufig als fromm und umsichtig beschrieben, in der Lage mit allen möglichen Menschen umzugehen. Seine Frömmigkeit hält ihn anscheinend nicht von Grausamkeiten ab, vermutlich stachelt sie ihn sogar gegen Heiden an. Überhaupt wird er als strenger aber gerechter König dargestellt.

3. Ludwig II und seine Söhne

3.1 Eine ganz normale Karolinger-Tradition?

Ludwig II und seine Frau Hemma hatten mindestens sieben Kinder, die das Säuglingsalter überlebten[16], drei Söhne und vier Töchter[17]. Interessant für Machtkämpfe sind nur die Söhne Karlmann (*um 830), Ludwig (*um 835) und Karl (*839), die gegen ihren Vater rebellierten, wie auch Ludwig II dies getan hatte. Dies entsprach wohl karolingischer Sitte, denn aufbegehrende Söhne wurden nicht bestraft, sondern „belohnt". Wilfried Hartmann spricht in diesem Zusammenhang sogar von „Spielregeln" in den Vater-Sohn-Auseinandersetzungen.[18] Eine andere Meinung darüber äußert zumindest der zeitgenössische Klerus, genauer Jonas, Bischof von Orléans, der in seinem Mahnwerk, gerichtet an den Halbbruder Ludwigs II, Karl den Kahlen von Westfranken,[19] einen Aufstand der Söhne 830 gegen ihren

---

16 Hartmann 2004 S. 8
17 Hartmann 2002 S. 77f.: Hildegard (828-856), Irmgard (?-877), Gisela und Berta (?-866). Wahrscheinlich blieben alle Töchter auf Ludwigs Wunsch unverheiratet. Hildegard, Irmgard und Berta waren Äbtissinnen, von Gisela ist nichts bekannt.
18 Hartmann 2004 S. 11: Anscheinend wurden diese „Spielregeln" aus Nachrichten zur Zeit Ottos I gelesen.
19 Sohn von Ludwig dem Frommen und seiner zweiten Frau Judith, wie z.B. in Thegan, Das Leben Kaiser Ludwigs, berichtet wird. Thegan – Das Leben Kaiser Ludwigs S. 235: „Im nächsten Jahr kam er nach Worms, wo er seinem Sohn Karl, den die Kaiserin Judith geboren hatte, das Land Alamannien, Räthine und einen Teil Burgunds in Gegenwart seiner Söhne Lothar und Ludwig übergab: und sie wurden darüber so erzürnt wie auch ihr Bruder Pippin." Die Machtstreitigkeiten fanden also auch zwischen Ludwig II und seinen Brüdern statt, worauf hier aus Platzgründen nicht weiter einge-

Vater Ludwig den Frommen thematisiert und aufs schärfste kritisiert: „[…]wer seinen Vater verunehrt, fügt dem ohne Zweifel Unehre zu, der der Vater aller ist und der für die Söhne festsetzt, ihren Vater zu ehren. Was an Schaden, was an Übel, was an Trauer, was an Bedrückung, was an Elend die Feindseligkeiten und Zwietrachten, die im vorigen Jahr […] ausbrach, dem Volk Gottes zugefügt haben, hat dies Reich in erbarmungswürdiger Weise erfahren und ein bacchanalisches Freudenfest ist dem Teufel und seinen Gliedern bereitet worden."[20] Laut Jonas, Bischof von Orléans, gilt diese Darstellung der Glieder des Teufels als eine Gegenüberstellung der Glieder der Kirche und eventuell auch des „Staatskörpers", der am Streit in der Herrscherfamilie „erkrankt".[21] Auch im übertragenen Sinn ginge es hier also um Gesundheit und Krankheit.

Ludwig II selbst versöhnte sich übrigens nicht mehr mit seinem Vater[22], obwohl dieser es sich wünschte, bevor er 840 nach einer schweren Erkrankung starb. Ludwig II hätte also noch Gelegenheit dazu gehabt. Davon berichtet der Astronomus: „Sie fürchteten nämlich, daß der Kaiser unversöhnlich gegen seinen Sohn Ludwig sein wolle; denn sie wußten, daß die öfteren geschnittene oder mit dem Eisen ausgebrannte Wunde dem Kranken um so heftigeren Schmerz verursacht; aber im Vertrauen auf seine immer bewiesenen unerschütterliche Geduld, ließen sie durch seinen Bru-

---

gangen werden kann.
[20] Jonas, Bischof von Orléans: Unterweisung für den König - Mahnwerk, in: Anton, Hans Hubert (ÜberS.): Fürstenspiegel des frühen und hohen Mittelalters (Ausgewählte Quellen zur deutschen Geschichte des Mittelalters 45) Darmstadt 2006, S. 46-99, S. 53
[21] Ebd.
[22] Diesen letzten Konflikt umreißen die Jahrbücher von St. Bertin fürs Jahr 840: Jahrbücher von St. Bertin S. 51:„Der Kaiser […] als ihm beim Nahen der Fastenzeit eine betrübende Nachricht zukam, daß nämlich sein Sohn Ludwig in seinem schon lange gewohnten Übermut die Herrschaft des Reiches bis zum Rhein beanspruche. […] und nachdem er hier [Anm.: Aachen] das Osterfest gefeiert hatte, ging er über den Rhein und drang in Germanien ein ließ aber von der weiteren Verfolgung ab, als sein Sohn in die Flucht geschlagen war und mit vielen Geschenken sogar persönlich bei heidnischen und fremden Völkern Hilfe suchen mußte. […] Von der Verfolgung des Sohnes zurückgekehrt, erkrankte der Kaiser und starb […]"

der Drogo, dessen Worte er nicht gering zu achten pflegte, leise beim Kaiser anpochen. Dieser offenbarte zuerst die ganze Erbitterung seines Herzens, faßte sich aber nach kurzer Überlegung und suchte, alle seine immerhin schwachen Kräfte zusammennehmend, aufzuzählen, welche und wie große Widerwärtigkeiten dieser Sohn ihm bereitet und was er so, gegen die Natur und Gottes Gebot handelnd, verdient habe. „Weil er aber," fuhr der Kaiser fort, „nicht zu seiner Rechtfertigung hier erscheinen kann, so verzeihe ich ihm, soviel an mir ist, ihr und Gott seid des Zeugen, alles was er gegen mich verbrochen hat. Aber eure Sache wird es sein, ihn zu erinnern, daß, wenn ich ihm so oft seine Fehler verziehen habe, er es doch nicht vergißt, daß er seines Vaters graue Haare mit Herzeleid in die Grube gebracht und Gottes, des gemeinsamen Vaters, Gebote und Drohungen verachtet hat."[23] Trotz der unübersehbaren Verbitterung entzieht Ludwig der Fromme seinem Sohn keine Ämter oder Gebiete, im Gegenteil, er verzeiht ihm in Abwesenheit. Das mag unterschiedliche Gründe haben. Vielleicht musste er ihm vergeben, weil er entweder nicht mehr über die körperliche Kraft verfügte Ludwig II zu bestrafen, oder weil er wegen seines nahen Todes um sein Seelenheil fürchtete. In beiden Fällen kam Ludwig II ungeschoren davon. Laut Wilfried Hartmann hätte Ludwig der Fromme seinem Sohn früher oder später sowieso vergeben. Denn zu den Aufständen der Karolinger-Söhne gehörte stets auch die väterliche „Langmut gegenüber den immer neuen Rebellionen eines Sohnes oder mehrerer Söhne, wobei der Aufstand meist nicht bestraft, sondern oft genug mit der Verleihung von zusätzlichen Würden „belohnt" wurde."[24]

---

[23] Das Leben Kaiser Ludwigs vom sog. Astronomus, in: Rau, Reinhold (Bearb.); Abel, O. (ÜberS.): Quellen zur karolingischen Reichsgeschichte Teil 1 (Ausgewählte Quellen zur deutschen Geschichte des Mittelalters 5), unveränderter fotomechanischer Nachdruck der Ausgabe 1955, Darmstadt 1974, S. 255-382, S. 379
[24] Hartmann 2004 S. 11

3.2   Vater-Sohn-Konflikte in den Quellen

In „guter Tradition" war die Frage für Ludwig II nicht, ob seine Söhne sich auflehnen würden, sondern wann. Zunächst gab es Ärger mit seinem ältesten Sohn Karlmann, der 856 zu Administrationsaufgaben nach Baiern geschickt wurde, jedoch 861 selbstständig zu regieren begann, was Ludwig II ärgerte[25] wie in den Jahrbüchern von St. Bertin beschrieben: „Karlmann, der Sohn Ludwigs, des Königs von Germanien, der sich mit dem Wendekönig Restiz verbündet hatte, fiel vom Vater ab und bemächtigte sich mit Hilfe des Restiz eines großen Teils des väterlichen Reichs bis zum Inn. Ludwig nahm dem Schwiegervater seines Sohnes Karlmann, Ernst, seine Lehen und vertrieb dessen Neffen aus seinem Reich."[26] Ludwig II und Karlmann versöhnten sich jedoch im Jahr darauf wieder, warum ist aus der Quelle nicht ersichtlich: "Karlmann, der Sohn Ludwigs, des Königs von Germanien, versöhnte sich mit seinem Vater, der ihm den Teils des Reichs überließ, dessen er sich früher bemächtigt hatte; dafür leistete er einen Eid, fernerhin ohne des Vaters Willen kein weiteres Gebiet zu besetzen."[27] 863 wurde Karlmann wohl mehrerer Verbrechen in Karantanien (Slowenien) angeklagt, woraufhin Ludwig II tobte „sein Sohn Karlmann werde von jetzt an und später, so lange er selber lebe und regiere, mit seinem Willen niemals belehnt werden"[28], wie in den Jahrbüchern von Fulda berichtet wird. Auch einem anschließenden Hausarrest konnte Karlmann entkommen, bis es 865 zur dauerhaften Aussöhnung zwischen Vater und

---

[25]   Ebd. S. 9
[26]   Jahrbücher von St. Bertin S. 105
[27]   Ebd. S. 111, Ähnlich beschreiben es die Jahrbücher aus Fulda zum Jahr 862:Jahrbücher von Fulda, in: Rau, Reinhold (Bearb.); Rehdantz, C. (ÜberS.): Quellen zur karolingischen Reichsgeschichte Teil 3 (Ausgewählte Quellen zur deutschen Geschichte des Mittelalters 7), zweite durchgesehene Auflage, Darmstadt 1969, S. 19-178, S. 63.
[28]   Jahrbücher von St. Bertin S. 111

Sohn kam[29], möglicherweise weil Ludwig II nach einem Unfall auf seinen Sohn angewiesen war, wie die Jahrbücher von St. Bertin berichten: „Karlmann, der Sohn Ludwigs, des Königs von Germanien, der beim Vater in freier Haft sich aufhielt, entfloh von diesem unter dem Vorgeben, er gehe auf die Jagd, und bemächtigte sich wiederum der ihm vom Vater genommenen Marken mit Zustimmung der Markgrafen [...] Der Vater, der ihm auf dem Fuße nachfolgte, ließ ihn unter dem Versprechen der Sicherheit zu sich kommen und verlieh ihm Lehen. Auf dem Rückweg von hier nach der Pfalz Frankfurt fiel er bei der Hirschjagd auf dem Brühl vom Pferd und mußte, an den Rippen verletzt, in einem nahen Kloster liegen bleiben; er schickte daher seinen Sohn Ludwig nach der genannten Pfalz, wo seine Gemahlin war, voraus und folgte ihm selbst, in kurzem wiederhergestellt, dahin nach."[30] Im Krieg gegen die Wenden 873 zeigte sich zwischen Karlmann und Ludwig II wieder eine „normale" Vater-Sohn-Beziehung, als Ludwig sich um des Leben seines Sohnes sorgte und ihm darum zu Hilfe eilte.[31]

Nach der Versöhnung 865 mit Karlmann herrschte vorerst Ruhe zwischen Vater und Söhnen.[32] Kränkungen und Ungehorsam wurden durch besonnenes Handeln beigelegt, wie für das Jahr 865 in den Jahrbüchern von St. Bertin überliefert: "Ludwig, König der Germanen, rief sein Heer zurück, welches gegen die Wenden ausgesandt worden war und mit Erfolg wirkte. Sein gleichnamiger Sohn verlobte sich wider des Vaters Willen mit der Tochter AdalardS. Wodurch er den Vater schwer kränkte. Karl begab sich zu einer Unterredung mit seinem Bruder Ludwig nach Köln und brachte,

---

29   Ebd. S. 145: „Von Tusey aus zog Ludwig nach Baiern, gab seinem Sohn Karlmann, mit dem er sich herzlich versöhnte, die Marken wieder, die er ihm genommen hatte, und kehrte dann nach der Pfalz Frankfurt zurück."

30   Ebd. S. 141

31   Jahrbücher von St. Bertin: Ebd. S. 231

32   Ebd. S. 143: „König Karl feierte den Tag der Geburt des Herrn in der Pfalz Quierzy. Nachdem er sich nach dem Hofgut Ver begeben hatte, empfing er Mitte Februar in Tusey sehr ehrenvoll seinen Bruder Ludwig, der mit seinen Söhne dahin kam."

neben andern Gegenständen der Unterredung, zwischen dem Vater und Sohn wegen jeder eigenmächtigen Handlung des letzteren eine Versöhnung zustande, unter der Bedingung, daß der Sohn nicht weiter mit der Tochter des Adalard verbunden bliebe.“[33]

Das Verhältnis der Söhne zu ihrem Vater hing auch stark davon ab, wie viel Verantwortung Ludwig II ihnen zutraute. In den Jahrbüchern von Fulda ist vom großen Slavenkrieg 869 die Rede: „Und als man schon aufbrechen mußte, erkrankte er [Anm.: Ludwig II] und sah sich daher gezwungen, den jüngsten seiner Söhne Karl über dieses Heer [Anm.: Franken und Alemannen] zu setzen, den Ausgang der Sache dem Herrn empfehlend. […] und nach Verwüstung des ganzen Landes kamen die Brüder Karl und Kalmann zusammen mit gegenseitigen Glückwünschen über den vom Himmel verliehenen Sieg.“[34] Hier ist zu sehen, dass Ludwig II seinem Sohn ursprüngliche keine Verantwortung abtreten wollte, auch wenn dieser sehr wohl dazu in der Lage gewesen wäre. Auch wenn sein Sieg in der Quelle als Glück, bzw. als Verdienst Gottes angesehen wird, Karl muss aus diesem Krieg mit gestärktem Selbstbewusstsein gegangen sein, das weitere Rebellion gegen seinen Vater bestärkt haben könnte.

Doch bald begannen die jüngeren Söhne Ludwig der Jüngere[35] und Karl gegen den Vater aufzubegehren, wohl wegen der Bevorzugung Karlmanns[36]. „Vor allem in den Jahren 871 bis 873 gab es mehrere Aufstands-

---

33 Jahrbücher von Fulda 1969 S. 153
34 Ebd. S. 75
35 Die Jahrbücher von St. Bertin berichten für das Jahr 866: Jahrbücher von St. Bertin S. 161: „Ludwig, Sohn Ludwigs, des Königs von Germanien, erhob sich […] zum Kampf gegen seinen Vater, indem er zugleich den Wenden Restiz aufreizte bis nach Baiern hin plündernd vorzudringen, damit er selbst, während der Vater oder seine Getreuen in jenen Gegenden beschäftigt seien, ungehindert sein Beginnen durchführen könnte.“ Ebenso berichten die Jahrbücher von Fulda für das Jahr 866 von einer Verschwörung Ludwigs des Jüngeren gegen seinen Vater. Jahrbücher von Fulda 1969 S. 69
36 Jahrbücher von St. Bertin S. 213:„[…] seinen Söhnen Ludwig und Karl aber befahl er, zu ihm zu kommen. Da diese aber merkten, daß unter dem Einfluß der Mutter der Vater ihrem Bruder Karlmann mehr als ihnen geneigt war, lehnten sie es ab zu dem Vater zu gehen.“ Diese Bemerkung in den Jahrbücher von St. Bertin für das Jahr 870 be-

versuche der jüngeren Söhne"[37]. Das Verhältnis wurde feindselig: „[...]König Ludwig von Germanien rief seine Söhne Ludwig und Karl zu sich, um sie mit Kalrmann zu versöhnen, und ließ ihnen hinterlistig schwören; aber auch diese Söhne und ihr Leute leisteten dem König Ludwig ihrerseits auch wieder mit Hintergedanken den Eide."[38] Gleichzeitig jedoch wurde noch der „Schein" gewahrt. Womöglich hätte eine offensichtliche Feindschaft der Familie Ludwigs II die Interessen aller gefährdet. In den Jahrbüchern von St. Bertin, wird für Anfang 873 der Höhepunkt der Verschwörung auf einer Versammlung in Frankfurt beschrieben:

„Ludwig, der König von Germanien [...] berief dahin zum 1. Februar seinen Reichstag, zu dem er seinen Söhnen Ludwig und Karl [...] zu erscheinen befahl. Und während er noch dort [Anm.: Frankfurt] verweilte, kam zu seinem Sohn Karl der Teufel in der Gestalt eines Boten des Lichts und sagte ihm, daß sein Vater, der ihn seines Bruders Karlmann wegen zu verderben trachte, den Zorn Gottes gegen sich erregt habe und darum bald sein Reich verlieren würde; Gott aber habe bestimmt, daß Karl dies Reich besitzen solle, daß ihm in kurzem zufallen werde. Karl aber von Furcht und Schrecken ergriffen, eilte in die Kirche [...] und der Teufel folgte ihm dahin nach und sprach abermals zu ihm: Warum fürchtest Du Dich und fliehst, denn wenn ich nicht von Gott gekommen wäre, Dir anzuzeigen, was in nächster Zeit geschehen wird, so könnte ich Dir nicht in dieses Haus des Herrn folgen. Durch diese und andere lockende Worte überredete er denselben aus seinen Händen die ihm von Gott gesendete Kommunion zu nehmen, was Karl auch tat. Und nach dem Bissen fuhr der Satan

---

schreibt nicht nur den Neid zwischen den Brüdern, sondern auch, dass eine ungerechte Behandlung der Söhne allein der Mutter Hemma zugeschrieben wird.
[37] Hartmann 2004 S. 9
[38] Jahrbücher von St. Bertin S. 223

selbst in ihn,"[39] was einen Krampfanfall zur Folge hat, der auch in den Jahrbüchern von Xanten und Fulda beschrieben wird:

„Ludwig, der östliche König, hielt einen Reichstag der Bischöfe und Laien in Frankfurt. Dorthin zogen gegen ihn zwei seiner Söhne voll unbilliger Gedanken, der gleichnamige und Karl, um eine Gewaltherrschaft aufzurichten, ihre Eidschwüre hintanzusetzen, den Vater des Reiches zu berauben und ins Gefängnis zu schicken. Aber Gott, der gerechte und geduldige Richter, zeigte ebenda öffentlich vor allen eine großes Wunder: der böse Geist fuhr vor aller Augen in Karl und quälte ihn schrecklich, unter mißtönenden Lauten […] Bei dem Anblick dieses Schreckens warf sich sein älterer Bruder zu den Füßen des Vaters, gesteht das begangene Verbrechen und fordert Verzeihung. Aber der fromme Vater legte dies alles klugerweise mit Mäßigung bei."[40]

„Im Januar aber wollte er [Anm.: Ludwig II] mit den Seinen, welche von alles Seiten her zusammenkamen, über den Zustand und Nutzen des Reiches an obengenanntem Orte [Anm.: Frankfurt] einen Tag halten; dabei wurde nach Gottes Fügung seine Güte herrlich ans Licht gestellt und die Bosheit einiger, die ihm nach dem Laben trachteten, enthüllt. Denn als er den 26. Januar den Saal betrat, fuhr in seiner und seine Edlen, der Bischöfe und Grafen Gegenwart der böse Geist in seinen jüngsten Sohn Karl und quälte ihn gewaltig, sodaß ihm kaum sechs der stärksten Männer halten konnten […] Daher sprach zu seinem gleichnamigen Sohn gewendet der König: „Siehst Du, o Sohn, wessen Herrschaft Ihr dient, Du und Dein Bruder […] Bekenne also Deine Vergehen und bereue sie und bitte Gott demütig, daß sie Dir erlassen werden. Auch ich gewähre Dir, soviel an mir ist, Verzeihung" Als aber der Anfall vorüber war, erzählte derselbe Karl mit lauter Stimme vor vielen Hörern, er sei ebenso oft der feindlichen Ge-

---

[39] Ebd. S. 229
[40] Xantener Jahrbücher S. 369

walt ausgeliefert worden, wie oft er gegen den König eine Verschwörung eingegangen sei."[41] Aus dieser Geschichte geht eindeutig ein Zusammenhang zwischen Krankheit und Versöhnung hervor. Die Erklärung, wie sich Karl den Teufel „eingefangen hat", wird jedoch nur in der St. Bertiner Quelle erwähnt. Sie ist ein schönes Zeugnis für Erklärungsversuche von Erkrankungen, so als hätte sich Karl mit dem Teufel „infiziert". Außerdem lässt sich aus der ausführlichen Beschreibung des Ereignisses selbst schließen, dass Karl vorher vermutlich noch keinen Krampfanfall erlitten hatte, wohl also nicht an Epilepsie litt. Da Krampfanfälle ein häufiges Phänomen mit vielen Ursachen sind, lässt sich der Auslöser aus der Quelle nicht herleiten.

Bis zum Tod Ludwigs II im Jahr 876 kam es zu keinen weiteren Zerwürfnissen zwischen ihm und seinen Söhnen, womöglich weil der Schrecken aus Frankfurt bei Karl und Ludwig dem Jüngeren tief gesessen hat. Ludwig II konnte sich bei den Vorkommnissen in Frankfurt als gnädiger Vater erweisen, vom seinem jüngstem Halbbruder Karl dem Kahlen ist in der Regino Chronik ein anderer Umgang mit seinen Söhnen überliefert: „Um die selbe Zeit [Anm.: 876] nahm Karl seinem Sohn Karlmann das Augenlicht. Der besagte König hatte nämlich mit der Königin Hirmindrude drei Söhne[42] erzeugt, Karl, Karlmann und Ludwig; aber zwei von diesen kamen durch Unglücksfälle ums Leben. [...] Karlmann aber wurde schon als Knabe auf Befehl des Vaters geschoren und zum Kleriker gemacht. [...] Später läßt er in offenem Abfall sein kirchliches Gelübde im Stich [...] Nachdem er nämlich eine nicht geringe Schar von Straßenräubern gesammelt hatte, begann er die Kirchen Gottes zu verwüsten, den Frieden anzufechten, alles zu plündern und unerhörtes Unglück anzurichten; als

---

[41] Jahrbücher von Fulda 1969 S. 87ff.
[42] Anm.: Karl hatte noch mehr Kinder, was aber für diese Arbeit eine untergeordnete Rolle spielt.

er hierfür mehrmals von seinem Vater bestraft worden war und dennoch in der begonnenen Bosheit keineswegs nachließ, werden ihm zuletzt, wie oben erwähnt, auf väterliche Anordnung die Augen ausgestochen […] Der Geblendete ging nun seinen Oheim Ludwig [Anm.: gemeint ist Ludwig II] an und klagte ihm in jämmerlicher Weise die Last seines Elends und seines Mißgeschicks; dieser von Mitleid bewegt, überließ ihm Echternach, das Kloster des heiligen Willibrird, zum Unterhalt des gegenwärtigen Lebens, wo er nicht lange darauf starb und begraben wurde."[43] Der Schutz, den Ludwig II seinem Neffen Karlmann gewährte, und der Umstand, dass er mit seinen eigenen Söhnen weniger drastisch umging, spricht wieder für seinen besonneneren Charakter. Andererseits wird diese Geschichte in den Jahrbüchern von St. Bertin ganz anders bewertet. Dort wird Karlmann von seinem Onkel zur Strafe ins Kloster geschickt.[44] Tatsächlich ist diese Interpretation nicht unwahrscheinlich, schließlich wollte Karlmann ursprünglich dem geistlichen Leben entfliehen.

4. Fazit

Ludwig II scheint ein beliebter König gewesen zu sein. Besonders seine Besonnenheit seinen Söhnen gegenüber und seine Frömmigkeit werden immer und immer wieder betont. Es ist gut möglich, dass dies tatsächlich sein Charakter war. Unter der Voraussetzung, dass dieser Arbeit ein korrektes Bild des Königs zugrunde liegt, interpretieren sich die Quellen folgendermaßen:

Bei weitem nicht alle Konflikte zwischen Vater und Söhnen lassen sich auf

---

[43] Regino Chronik, in: Rau, Reinhold (Bearb.); Rehdantz, C. (ÜberS.): Quellen zur karolingischen Reichsgeschichte Teil 3 (Ausgewählte Quellen zur deutschen Geschichte des Mittelalters 7), zweite durchgesehene Auflage,Darmstadt 1969, S. 179-320, S. 231ff.

[44] Jahrbücher von St. Bertin S. 231ff.

den Gesundheitszustand zurückführen, auch nicht auf den Charakter, sonst müsste man allen Familienmitgliedern Streitlust unterstellen, was unwahrscheinlich ist. Viele Auseinandersetzungen entsprechen den Zeitumständen, schließlich war das Karolingerreich nicht gefestigt und die Söhne mussten um ihren Anteil kämpfen, keine Situation, die zur Entspannung beiträgt. Andererseits soll hier noch einmal auf die oben genannte „Spielregel-These" Wilfried Hartmanns verwiesen werden, die sich gut in den gewonnenen Gesamteindruck von der „Normalität von Auseinandersetzungen" einfügt. Der Vater hatte wohl ein Interesse daran, dass seine Söhne ihre Kräfte ausprobieren, damit sein Reich auch in starke Hände gelange.

Trotzdem sollte die Rolle von Gesundheit bei der Interpretation der Ereignisse nicht übergangen werden. Voraussetzung dafür ist aber auch eine Ausdehnung des Gesundheitsbegriffs auf die Persönlichkeitsstrukturen der Beteiligten. In diesem Fall finden sich erstaunlich viele Beispiele von fast panischer Angst um das eigene Seelenheil. Dieser Aspekt wurde so im Vorfeld nicht erwartet, er findet sich aber häufiger als Versöhnungsgrund. Ganz besonders augenscheinlich ist das natürlich in der Geschichte vom Krampfanfall des jungen Karl und der kirchlichen Interpretation. Ebenso das Gebot „Vater und Mutter zu ehren" bekommt im Leben eines Thronfolgers irgendwann eine große Bedeutung, schließlich stehen Seelenheil und der Ruf als guter Christ auf dem Spiel. Dieser wird um jeden Preis gewahrt, bevorzugt durch das Beschuldigen von weiblichen Verwandten oder des Teufels persönlich. Eine besondere Bedeutung in dieser Interpretation bekommt die Rolle von Schwäche durch Krankheit oder Verwundung. Wenn der Tod für einen Betroffenen näher rückt, ist er nicht nur abhängig von seinen Verwandten, sondern diese können sich auch darauf verlassen, dass der vermeintlich Sterbende sich nicht mit weiterer Sünde beladen will und darum so manches verzeiht. Es ist aber nicht ausgeschlossen, dass sich diese Interpretation durch die klerikale Herkunft der meisten Quellen aufzwingt.

So gesehen gibt es in den Interessen der Herrscherfamilie zwei Antagonisten und beide haben mit Gesundheit zu tun: Die körperliche Stärke und Gesundheit, die immer wieder zu Konflikten führt, die aber von allen Beteiligten als notwendig betrachtet werden. Dem gegenüber steht die seelische Gesundheit, die mit der geistlichen Haltung untrennbar verbunden ist und die die Konkurrenten zwangsläufig zur Versöhnung zwingt. Für Ludwig II und seine Söhne hätte nach diesem Modell geistige und körperliche Gesundheit also definitiv eine Rolle gespielt.

Nun wäre es spannend, diese These auf weitere Karolinger-Generationen anzuwenden und ihren Gehalt zu überprüfen.

5. Literatur- und Quellenverzeichnis

Das Leben Kaiser Ludwigs vom sog. Astronomus, in: Rau, Reinhold (Bearb.); Abel, O. (ÜberS.): Quellen zur karolingischen Reichsgeschichte Teil 1 (Ausgewählte Quellen zur deutschen Geschichte des Mittelalters 5), unveränderter fotomechanischer Nachdruck der Ausgabe 1955, Darmstadt 1974, S. 255-382.

Die Reichsannalen mit Zitaten aus den sog. Einhardsannalen, in: Rau, Reinhold (Bearb.); Abel, O. (ÜberS.): Quellen zur karolingischen Reichsgeschichte Teil 1 (Ausgewählte Quellen zur deutschen Geschichte des Mittelalters 5), unveränderter fotomechanischer Nachdruck der Ausgabe 1955, Darmstadt 1974, S. 1-156.

Hartmann, Wilfried: Ludwig der Deutsche (Herde, Peter (Hrsg.): Gestalten des Mittelalters und der Renaissance), Darmstadt 2002.
Hartmann, Wilfried: Ludwig der Deutsche – Portrait eines wenig bekannten Königs; In: Hartmann, Wilfried (Hrsg.): Ludwig der Deutsche und seine Zeit, Darmstadt 2004; S. 1-26.

Jahrbücher von Fulda, in: Rau, Reinhold (Bearb.); Rehdantz, C. (ÜberS.): Quellen zur karolingischen Reichsgeschichte Teil 3 (Ausgewählte Quellen zur deutschen Geschichte des Mittelalters 7), zweite durchgesehene Auflage, Darmstadt 1969, S. 19-178.

Jahrbücher von St. Bertin, in: Rau, Reinhold (Bearb.); Jasmund, J.v. (ÜberS.): Quellen zur karolingischen Reichsgeschichte Teil 2 (Ausgewählte Quellen zur deutschen Geschichte des Mittelalters 6), Unveränderter reprographischer Nachdruck der Ausgabe Darmstadt 1969, Darmstadt 1972, S. 11-288.

Jonas, Bischof von Orléans: Unterweisung für den König - Mahnwerk, in: Anton, Hans Hubert (ÜberS.): Fürstenspiegel des frühen und hohen Mittelalters (Ausgewählte Quellen zur deutschen Geschichte des Mittelalters 45), Darmstadt 2006, S. 46-99.

Notker Taten Karls, in: Rau, Reinhold (Bearb.); Rehdantz, C. (ÜberS.): Quellen zur karolingischen Reichsgeschichte Teil 3 (Ausgewählte Quellen zur deutschen Geschichte des Mittelalters 7), zweite durchgesehene Auflage, Darmstadt 1969, S. 321-427.

Regino Chronik, in: Rau, Reinhold (Bearb.); Rehdantz, C. (ÜberS.): Quellen zur karolingischen Reichsgeschichte Teil 3 (Ausgewählte Quellen zur deutschen Geschichte des Mittelalters 7), zweite durchgesehene Auflage, Darmstadt 1969, S. 179-320.

Thegan – Das Leben Kaiser Ludwigs, in: Rau, Reinhold (Bearb.); Abel, O. (ÜberS.): Quellen zur karolingischen Reichsgeschichte Teil 1 (Ausgewählte Quellen zur deutschen Geschichte des Mittelalters 5), unveränderter fotomechanischer Nachdruck der Ausgabe 1955, Darmstadt 1974, S. 213-254.

Xantener Jahrbücher, in: Rau, Reinhold (Bearb.); Jasmund, J.v. (ÜberS.): Quellen zur karolingischen Reichsgeschichte Teil 2 (Ausgewählte Quellen zur deutschen Geschichte des Mittelalters 6), Unveränderter reprographischer Nachdruck der Ausgabe Darmstadt 1969, Darmstadt 1972, S.339-372.